문학과지성 시인선 402

클로로포름

송승환 시집

문학과지성사

문학과지성 시인선 402

클로로포름

초판 1쇄 발행 2011년 11월 7일
초판 3쇄 발행 2025년 3월 31일

지 은 이 송승환
펴 낸 이 이광호
펴 낸 곳 ㈜문학과지성사
등록번호 제1993-000098호
주　　소 04034 서울 마포구 잔다리로7길 18(서교동 377-20)
전　　화 02)338-7224
팩　　스 02)323-4180(편집) 02)338-7221(영업)
전자우편 moonji@moonji.com
홈페이지 www.moonji.com

ISBN 978-89-320-2243-7 03810

지은이는 서울문화재단 2009문학창작활성화지원사업 기금을 수혜했습니다.

문학과지성 시인선 402

클로로포름

송승환

2011

시인의 말

들린다

2011년 여름
송승환

클로로포름

차례

마이크*

나는 세계에서 지워지고 있다

나는 내 몸속을 울리며 사라져가는 그녀의 모든 말을 증폭시킨다

나는 말한다

* Microphone.

시클라멘*

초록 심장 초록 심장 초록 초록 초록
붉은 움 붉은 움 붉어 붉지 붉은 불거져 붉지 붉은 움 검은 흙 검은 흙 검지 검어 검어 흐르지 흘러 물 흘러 물 흙 흙 흐르지 죽 죽 죽어
울울창창 울울창창 검은 숲 검은 불
불 춤 불 춤 불불 춤춤 불불 춤춤

하얀 태양 아래

* Cyclamen. 앵초과의 여러해살이풀

랜디*

푸훵 푸푸훵 푸푸푸훵 푸푸푸푸훵 푸훵 푸훵 푸부훵 푸부훵 훵 부홍 부홍 푸부홍 부홍 부홍 부호옹 부호옹 호옹 호옹 부운홍 부운홍 분홍 분홍 분 분 홍 홍 분분 홍홍 분홍 분홍 부운홍 부운홍 홍홍홍

희희희 희홍 희홍 희오홍 희오홍 희희희 희부홍 흰분홍 흰 분홍 흰 분홍 흰 흰 분 분 홍 홍 흰 부호옹 흰 부호옹 부오홍 부오홍

검은 달 떠올라 사라지는

* Pelargonium Crispum Randy. 쥐손이풀과의 여러해살이풀

마이크

천천히 내 육체를 움켜쥐는 희고 차가운 손
나는 목덜미부터 허리 아래까지 내맡긴다

내 귓불에서 벌어지는 그녀의 입술
타고 흐르는 숨결

두 귀로부터 발끝에 이르기까지 머무는 떨림

들린다

나는 입술을 벌리고 기다린다

제라늄*

푸름 푸름 붉음 푸름 푸름 붉음 푸르름 푸르름 붉음 푸르스르 붉음 푸르스르 붉음 푸름 푸름 붉음 붉음

푸르르 푸르르 붉음 붉음 푸르르 푸르르 붉으스름 푸른 붉음 雨雨 푸른 붉음 雨雨 붉으죽죽 붉으죽죽 雨雨 붉은 푸름 붉은 푸름 붉음 붉음 붉음 푸름 푸름 푸름

붉으죽죽 붉으죽죽 雪雪 붉으죽죽 雪雪 붉음 붉음 붉음 푸름 푸름 푸름 붉음 붉음 붉음 푸름 푸름 푸름 푸르스름 붉으스름 붉음 붉음 붉음 초록 초록 초록

초록 위

* Geranium. 쥐손이풀과의 여러해살이풀

S

E

I A

O U

서로의

몸속

물통에서

물을 길어 올리는 기러기떼

또는

마이크

빈 곳의 중심으로 응축되는 그녀의 말은 사물이다

사물들이 내 육체를 관통한다

내 입술에서 터져 나가 검은 무대의 벽면에 부딪친다
나는 부서지는 소리의 잔향을 듣는다

나는 말한다

공중에 풀어지는 푸른 잉크의 언어

다시 들린다

마이크

내가 세워지는 곳은 검은 극장 빈 무대

나는 기다린다 나는 말하지 않는다 나는 말한 것이다 나는 기다린다 내 몸속 자석과 코일 사이 불현 불꽃과 빛으로부터 태어나는 언어 그녀는 단어에 리듬을 부여한다 그녀는 말한다 나는 내 육체의 전선을 끊는다 그녀의 육성이 날것으로 내 육체를 통과한다 나는 모든 벽을 울리며 사라지는 공기의 파열을 듣는다 나는 말한 것이다 나는 말하지 않는다 나는 기다린다

조명이 꺼진다

마르시아*

희여언 희여언 희어 희어 혀 혀 희어 희어 흰 흰 잎 잎 이파리 이파리 파르라니 파르르 흰 잎 파리 파르르

여언 여언 연푸른 연푸른 푸르르 연푸른 푸르스름 여언 푸르르 푸르르 푸르스름 희어 흰 푸르스름 푸름

푸름 묽음 묽음 묽은 푸름 묽은 푸름 희묽은 희묽은 흰 흰 붉음 희게 붉음 희게 붉음 희붉음 희붉음

희꺼먼 희꺼먼 붉음 희꺼먼 희꺼먼 붉음 검으래 희꺼먼 붉음 검으래 붉음 검으래 붉음 검붉음 검붉음 검붉음 검은 검은 검은 검어 검어 검어 검어

흰 종이 울리며 피어나는 공기

* Marcia. 장미과의 한 품종

마크 리더

종이가 있다

노랑
붉음과 초록 사이

주홍
붉음과 푸름 사이

청록
푸름과 초록 사이

빛의 얼룩

검정

모든 빛이 씌어지면서 사라지는

흰빛

레코드 플레이어*

사과가 있다

푸른 사과
거의 둥글고 파란 사과
가까스로 둥글고 연푸른 사과
기어이 둥글고 작은 초록 사과

쟁반에 담긴 청록 사과

물감과 물감을 섞는다
푸른색에서 노란색까지
노란색에서 푸른색까지

물을 더 섞는다

사과가 있다

* Record Player. 녹음 재생 장치

마크 리더*

문득
전라의 그녀
내 육체 위 몸을 포갠다

나는 문을 닫는다

흰 살결
검은 흉터

나는 내 육체의 내부에서 터져 나오는 빛을 비춘다

붉음 푸름 초록 붉음 푸름 초록

모든 색의 원천

흰빛

그녀의 육체에서 부서진다

내 입술에 감도는
완성되지 못한 하나의 문장

검정

* Optical Mark Reader(OMR). 광학 판독 장치

마크 리더

돌들이 구른다

하늘과 바다 사이 검은 선이 그어진다 수평선 무너질 때마다 일어서는 파도 갈기를 세우고 해안으로 치닫는다 떼지은 물살의 흐름 솟구치는 물보라 수면 위로 튀어오르는 큰 돌 작은 돌
거품을 일으키며 해변에 부서진다 돌들이 구른다 밀려나갔다 밀려온다 바위에 부딪친다 끝없는 파도의 긴 행렬

나는 모래를 움켜쥔다
나는 손가락 사이로 새어 나가는 모래를 바라본다 모래는 해변에 떨어진다

흰 모래톱
검은 조약돌

태양

돌들이 구르는 소리를 낸다 파도는 해변에 부서진다

마크 리더

태양

태양

푸르다 붉다 푸르다 붉다 푸르다 붉다 푸르다 검다 푸르다 검다 푸르다 붉다 검다
푸르다 붉다 푸르다 검다 푸르다 검다 푸르다 검다 붉다 검다 검다 검다
푸르다 붉다 푸르다 붉다 푸르다 검다 검다 검다 희다 희다 희다 검다
푸르다 검다 희다 푸르다 검다 희다 푸르다 붉다 희다 푸르다 붉다 희다 검다
붉다 희다 붉다 희다 붉다 희다 붉다 희다 붉다 붉다 붉다 검다
붉다 희다 붉다 희다 붉다 검다 붉다 검다 검붉다 검붉다 검붉다 검다 검다 검다

파도

파도

레코드 플레이어

푸른 장미
붉은 장미
노란 장미

드라이플라워

거의 검정에 가까운 회색

빛

화병

탁자에서 사과가 떨어진다

레코드 플레이어

물
소금

밀가루
한 덩어리 반죽

休止

가만히 일어서는 표면
구멍

불꽃

흰색에서 갈색까지

솟아올랐다 가라앉았다

休止

딱딱함과 견고함 사이

레코드 플레이어

그리고 극장 벽으로 치닫는 소프라노 목울대의 音

카메라

이 파란색
저 파란색
사이

다른 파란색
다른 파란색

그 모든 파란색의 경계

파란색
파란색
파란색

사과

붉은 토마토와 붉은 토마토 사이

카메라*

이것은 ……이다

* Camera.

카메라

그러나 이것은 ……이다

모터에서 제너레이터까지*

이것을 나는 사과라 부른다
사과

나는 사과를 두드린다

나는 사과를 두드린다

문이 열리지 않는다

나는 기다린다

나는 사과를 두드린다

나는 기다린다

사과가 썩어간다
나는 사과를 천천히 두드린다

누군가 나를 토마토라 부른다

* Electric Motor와 Generator의 구조 차이는 없다

모터에서 제너레이터까지

사과라 불리는 이것이 식탁에 있다

나는 사과에게 출발한다

나는 사과에게 가고 있다

나는 사과에게 도착한다
내 손가락 끝이 사과에 닿아있다

견고하다

나는 기다린다
나는 내 허리의 색이 변하는 것을 바라본다

바나나라 불리는 이것이 식탁에 있다

에테르

바다

태양이 불을 놓는다 수평선에 일렁이는 불꽃 끝에서 일제히 일어서는 불길 타오르는 파도 끊임없이 무너졌다 일렬로 솟구친다 튀어오르는 물보라 광선이 관통한다 금빛 붉은빛 물결

바위 사이로 흘러 다니는 바닷물 소리

파도는 바위에 부서진다 공중에 피어오르는 흰 포말 바위를 때린다 바다로 소용돌이친다 밧줄에 매인

배들이 서로 부딪치며 출렁인다 나는 밧줄을 푼다 거룻배가 미끄러져간다 뭍으로부터 멀어져간다

바위 사이로 흘러 다니는 바닷물 소리

태양이 가라앉는다 수평선이 지워진다 검은 하늘 검은 바다 검은 육지 먼 불빛들 별빛들
배는 나아가며 움직이고 흘러간다

바다

나는 배 한가운데 눕는다

에테르*

회전문

투명하게 열리면서 닫힌다

밤

건너편 병동 마지막 불빛이 꺼진다 빌딩 앞 사람들이 자정의 대기 속으로 흐르면서 스쳐 지나간다 검은 나뭇가지 위 눈송이 바람에 날리면서 잠깐 빛난다 떨어지면서 반짝이는 링거의 물방울 사라진다 실려 간 환자가 돌아오지 않는다 복도를 울리면서 멀어져가는 구두 소리

달

어제 태양의 빛을 반사한다

검은 유리창
검은 침대

거즈 가운 베개 담요 시트*
음영

들린다

회전문

나는 천천히 일어나 앉는다
눈을 감고 걷기 시작한다

* Ether. Gauze. Gown. Sheet.

에테르

원형 계단

나아가면서 깊어지고 돌아온다

검은건반
검은건반

발끝으로 누르는 밤의 피아노

극장

막

무대

의자

들린다

빛이 투사된다

연속적으로 맺혔다 사라지는 사물의 영상

저 빛의 바깥

무대

의자

나는 있다

영사기가 멈춘다

막

흰건반

잭해머*

幕

場

銃身의 나선

두드리고 나아가며 회전한다
두드리고 회전하며 나아간다

두드리고 두드리고 두드리고

나는 멈춘다

坑

밤은 단단하다
비어있다

나는 마주 선다

幕場

흘러가는 물소리
흘러내리면서 사라지는 흙소리

洞空

바라본다

두드리고 두드리고 두드리고

* Jackhammer. 착암기

잭해머

가공 가늠 가닥 가동 가락
가래 가로 가루 가름 가리
가막 가목 　　가미 가배
가변 가분 가산 가상 가색
가선 가설 가성 가속 가스

저 坑道

열려 있으면서 보이지 않는다

딱딱한 것과 녹기 쉬운 것
무른 것

있다

비어있다

나는 들어간다

한없이 투명한 검은 물

나는 손을 집어넣는다

잭해머

뚫으면 뚫리고 뚫으면

뚫리고 뚫으면 밤이다

나는 멈춘다

그리하여 나는 다만 있다

나는 듣는다

레이저

프린터

흰 얼룩

나는 집는다

레이저 프린터*

거울이 회전하기 시작한다

빛의
필름

부서지는 빛의 양
부서지는 빛의 세기

내 망막에 거꾸로 맺히는 사물의 영상

나는 잃는다

나는 읽는다

나는 잊는다

나는 있는다

안치실

그녀가 내 눈꺼풀을 감긴다
얼굴에 흰 천을 덮는다

눈 코 입술
이마

열기
손가락 끝으로 누르는 힘

나는 있는다

* Laser Printer.

클로로포름*

나는 나아간다

돌아서는 들판의 길목마다 먼 곳

숲 속의 빈터

솟아오른 빛의 기둥

사물을 가까이 들여다볼수록

낱말은 마비되어 잠들어간다

내 입술에서 이름은 투명하게 타오른다

아름다움은 불리워지지 않고

깨어나지 않은 채 있는다

무화과나무와 감복숭아나무 사이 자동차가 지나간다

아무 소리 들리지 않는다

안개는 맑고 비는 멈춘다

검은 옷 입은 여인이 걸어 나온다

* Chloroform. 마취제의 원료

클로로포름

마이크 시클라멘 랜디 마이크 제라늄 OISEAU 마이크 마이크 마르시아 마크 리더 레코드 플레이어 마크 리더 마크 리더 마크 리더 레코드 플레이어 레코드 플레이어 레코드 플레이어 카메라 카메라 카메라 모터에서 제너레이터까지 모터에서 제너레이터까지 에테르 에테르 에테르 잭해머 잭해머 잭해머 레이저 프린터 레이저 프린터

클로로포름 클로로포름

클로로포름

유리 빌딩에서 걸어 나온 사람들이 대기 속으로 풀려나간다

들이마시고 내쉬는 숨의 리듬에서 그녀가 떠오른다

물속으로 잠기는 내 귀는 청각을 잃는다

등을 돌리고 내보인 왼쪽 뺨은 붉다

머리카락이 천천히 휘날린다

입술에서 흘러나온 미소가 감기는 내 눈동자에 맺힌다

하늘은 푸른빛으로 빛나고 있다

끓는 점

침대

초침

보이지 않는

거대한 그림자

10.8℃*

바다

소리 들린다

새

수면에 내려앉는다

메스*

핀셋*

벅 해머*

메스

리트랙터*

포셋*

본 커터*

핀셋

거울

흰 벽

거울

無影燈 *

커튼*

* Ethylene Oxide. 특유의 향기와 폭발성 있는 무색 기체
Mes. 수술용 칼
Pincette. 물건을 집는 용구
Retractor. 상처를 비집고 당기는 용구
Forceps. 집거나 누르는 외과 수술 용구
Buck Hammer. 타진기
Bone Cutter. 뼈 절단기
Astral Lamp. 바로 밑 그림자가 비치지 않는 수술실 무영등
Curtain.

끓는 점

밤의 파도

물결을 비추는

한가운데

벽

열린다

그림자

움직인다

10.8°C

스물네 개

별자리 빛나기 시작한다

오른다

서 있다

어둠 속

나아가고

돌아온다

플래시

계단

궁륭

거울

계단

회랑

액자

방

그림자

움직인다

물결을 반사하는

유리창

책의 첫 페이지

나아가고

돌아온다

달빛

바다에 부서진다

희고 검은 빛

|해설|

비등점의 언어, 휘발되는 사물

조 재 룡

시가 자신의 자리를 들여다보았다는 것은, 제 존재의 근거를 확보해나가는 일을 게을리하지 않았다는 뜻이겠지만, 존재에 대한 증명을 유예해나가며 여전히 무언가를 모색하고 있다는 말도 된다. 증명의 유예에 몰두하면서 가장 건조한 형식을 취해온 송승환의 시는, 그럼에도 건조하다는 말과는 상반되는 결과를 낳는다. 말과 사물을 최대한 닮게 하려는 노력, 대상에 덧씌워진 사유나 군더더기의 일상 언어를 차근차근 대상에서 제거해내, 결국 대상마저 증발시키는, 예컨대 말하지 않되 최대한 많은 말을 해놓아 역설적으로 걸머쥐는 성취가 그의 시에서 작지 않은 파장을 불러오기 때문이다. 오해하지 말아야 할 것은 송승환의 시에서 운위되는 형식의 간결함이나 말의 경제성이 시에 주관적인 공간을 부여하고 의미의 무한한 가능성을 예비하는 일과 다르지 않다는 사실이다. 주관성의 성취는 복잡하게 말을 늘어놓거나, 반대로 압축이나 생략, 암시나 비유를 통해서만 이루어지는 것은 아니다. 말의 열기로 대상을 차츰 태워나가는 송승환의 시를 읽다 보면, 그 에너지로 인해 결국 시를 읽고 있는 사람마저 증발되는 사태에 직면하고 만다. 사물이 말로 기획된 하나의 사건이 될 때까지 사물을 꿰뚫어내며 사물의 다양한 양상을 적확하게 포획하는 직관이 그의 시를 지배하고 있기 때문이다. '사물과 최대한의 닮음'을 추구하는 그의 시에서, 말은 형체를 남긴 채 형체를 남기지 않는, 모순어법의 희생양으로 장렬하게 순교한다. 그러나 대상이 대기로 휘발되는 순간조차 결국 말에 의지해 표현될 수밖에 없다는 사실을 송승환은 잘 알고 있다. 허약해 보이는 형용사나 홀로된 부사, 지나치게 간결해 부실해 보이기조차 하는 명사 몇 개를 움켜쥐고, 대상에 달려들어, 대상을 쪼개고, 뒤집고, 벌리고, 기습하고, 배치하고, 두드리며 고안하는 일에 몰두할 때, 말로 사물을 점령하려는 저 행위는 과연 완성을 바라볼 것인가? 시의 공간이 기이하고도 첨예하게 채워지는 건, 따라서 당연한 결과라고 보아야 한다. 공간? 그렇다. 공간의 확보, 공간의 재편, 공간의 시적 점유와 그 낯선 방식에 대해 말하지 않을 수 없다.

1. 여백의 시학

여백(餘白)은 필경 잘못된 말일 것이다. 송승환의 시에는 기실 여백이라 부를 만한 것이 없다. 여백이라고 말해온 것, 검은 활자가 미처 점령하지 못한 흰 종이의 허약한 부분이 침묵의 공간은 아니다. 무언가를 읽어내지 않으면 실패하고 말, 지뢰가 들어선 곳이자 시인이 지워내고 덧붙여놓은 것, 투척하고 소략해놓은 온갖 장치와 그 의도를 감지해야만 하는 장소가 여백이기 때문이다. 암시로 채워진 하얀 문(文)이자 문(門)이기에, 그곳은 침묵과 평화를 가장한 무언(無言)이나 무(無)의 황무지가 아니라, 아우성으로 흘러넘치며, 말의 감정선을 타고 대상과 함께 미끄러지는 시인의 얼굴이, 아니, 그의 정념이 활보하는 곳이라고 해야 한다. 소리-문자-낱말이 끝내 타오르고 마는 곳, 끝을 맺지 못한 말들이 시집의 또 다른 작품에게 교신을 보내는 곳, 말의 비등점에서 끓어올라 사유의 경계선이 한없이 확장되는 곳, 말과 사물을 마음껏 실험하고 재배치하는 곳이기에, 송승환에게 여백은 비어 있음이나 침묵의 예찬이 아니라, 의미의 특수성이 창출되는 시의 터전과 다르지 않다.

그러니 당황하지 말자. 엉뚱해 보이는 작품 「레이저 프린터」(pp. 50~52)는 장난이 아니라, 성찰과 고민으로 뒤

발된 한 편의 진지한 시라고 여기기만 하면 된다. 제목 하나 달랑 적어놓았는데? 레이저 광선은 눈에 보이지 않는다. 그런데 이 눈에 보이지 않는 성질은 오로지 "레이저"라는 말을 통해서만 표현될 수 있다. 아무것도 적혀 있지 않은 여백은 송승환이 레이저의 속성을 담아낸 고유한 방식인 것이다. 당신이라면 어떻게 하겠는가? 그런데 시인은 그걸 적어야 한다고 생각한다. 사물의 보이지 않는 성질을 그대로 적어야 한다는 것이 그가 봉착한 결론이며, 바로 이렇게 해서 텅 빈 공간이 고유한 의미의 영역 안으로 침투해 들어오기 시작한다. 그러니 여백은 지칭하려는 대상의 속성을 최대한 반영한, 시학의 요소가 아닌가. "프린터" 역시 마찬가지다. 프린터는 무엇인가? 아니 제목 아래에 덩그러니 주어진 저 빈 곳은 무엇을 말하기 위함인가? 당신은 출력을 해보았을 테지. 출력에는 응당 시간이 걸리며, 당신은 이 사실을 알고 있다. 송승환이 말하려 애쓰는 것이 이것과 다르지 않다고 생각하게 되는 순간이 바로 그가 창조한 여백이 기실 의미로 들끓는 창조의 공간이라는 것을 당신이 이해하게 되는 순간이다. 그다음 쪽에 적혀 있는 "흰 얼룩"이 프린터를 통해 출력된 글이라면, 출력된 이 글이 우리에게 당도한 시간과 그걸 "집는" 데까지의 과정을 담아내는 데 여백이 할애되었다고 보아야 할 이유도 생겨난다.

송승환에게 여백은 시집을 하나의 유기체로 구성해낼 기

획의 소산이다. 양면을 붙였다가 떼어내는 물감놀이(데칼코마니)처럼 제시해놓은 「끓는점 10.8℃」(pp. 60~69)에서 독서의 가능성이 두세 배 늘어나는 것도 여백과 관련이 있다. "끓는점"과 "10.8℃"가 하나의 제목인지 모호한 가운데(각각, 한 면씩 차지하므로), 왼편의 "침대"—"초침"—"보이지 않는"—"거대한 그림자"와 오른편의 "바다"—"소리 들린다"—"새"—"수면에 내려앉는다"가 거울을 비춘 것처럼 서로 포개어져, "침대 바다"—"초침 소리 들린다"—"보이지 않는 새"—"거대한 그림자 수면에 내려앉는다"라고 읽히는, 즉, 양면을 넘나드는 독서가 가능해진다. 물론 대각선으로 양면에 제시된 시어들을 서로 연결해볼 가능성을 열어 독서의 복잡성을 연동시키는 것도 여백의 몫이다. 어떻게 읽어도 좋을 것이나, 중요한 것은 여백에 의존해 의미가 확장되고 교체되며 변주된다는 사실이다. 이어지는, 일정한 간격 사이에 무심코 나열해놓은 듯한 "메스" "핀셋" "벽 해머" "메스"와 다음 면에, 마찬가지로 별 의미 없이 병렬해놓은 듯한 "리트랙터" "포셉" "본 커터" "핀셋" 역시, 수술집기로 들어찬 공간 하나를 구축하기 위해 여백이 활용된 것이라면, 읽어야 하는 것은 바로 이 빈 공간이다. 나머지 부분도 의미심장하기는 마찬가지이다. 수술실의 "거울" 두 개와 "흰 벽", 수술대를 비추는 동글동글한 전구들, 즉 "無影燈"과 그것이 뿜어내는 빛이 보이지 않는가? "메스" "핀셋" "벽 해머" "메스"

"리트렉터" "포셉" "본 커터" "핀셋"이 가지런히 놓인 수술대 하나가 이렇게 우리에게 당도한다. 그리하여 끝까지 눈을 떼지 않고 작품을 따라간 당신이라면 굳게 "커튼"이 쳐진 병원 수술실과 그 희고 차가운 이미지 하나를 목도하게 될 것이다. 더구나 순서가 달라 수술실 집기 이름과 덧붙여놓은 원어와 설명을 번갈아보면서 작품을 다시 읽어나가면, 의사들의 바쁜 손놀림을 상상해보는 일도 가능하지 않겠는가? 아니, 차가운 용구를 들고 수술을 집도하는 의사의 바쁜 손놀림이 당신의 눈에는 보이지 않는가? 우리는 방금, 한창 수술 중에 있는 수술실의 이곳저곳과 구석구석을 둘러보았다.

2. 미완의 언어로 완성하려는 사물의 형상

송승환에게 사물은 실재하는 것일 수도, 실재하지 않는 것일 수도 있다. 사물의 실재 여부는 오로지 언어를 통해 확인될 수밖에 없는데, 언어란 무언가의 재현인 까닭에 필연적으로 불완전한 속성을 지닐 수밖에 없기 때문이다. 송승환은 이렇게 사물에 대한 묘사란, 그것이 언어로 행해진 것이라면, 마땅히 불완전한 상태가 될 수밖에 없다고 생각한다.

푸름 푸름 붉음 푸름 푸름 붉음 푸르름 푸르름 붉
음 푸르스르 붉음 푸르스르 붉음 푸름 푸름 붉음 붉
음
푸르르 푸르르 붉음 붉음 푸르르 푸르르 붉으스름
푸른 붉음 雨雨 푸른 붉음 雨雨 붉으죽죽 붉으죽죽
雨雨 붉은 푸름 붉은 푸름 붉음 붉음 붉음 푸름 푸름
푸름
붉으죽죽 붉으죽죽 雪雪 붉으죽죽 雪雪 붉음 붉음
붉음 푸름 푸름 푸름 붉음 붉음 붉음 푸름 푸름 푸름
푸르스름 붉으스름 붉음 붉음 붉음 초록 초록 초록

초록 위

—「제라늄」 전문

사물은 오로지 말에 의지해 우리에게 당도할 뿐이다. 장미 한 송이를 한번 말해보라. 그러면 형용사 하나가 송승환에게는 사물과 그 존재를 확보해나갈 첨예한 도구라는 사실을 알게 될 것이다. 송승환에게 사물을 창조하는 것은 관점이다. 사물을 묘사하기 위해 파고드는 언어가 하나의 관점으로 기능한다는 것은 말하자면 언어의 불완전성에 대한 고백과도 같은 것이다. 그럼에도 송승환은 사물과 언어가 최대한 서로 닮게 될 때까지 힘껏 밀어붙인다. 말에 의지해 사물에 생명과 온기, 의미와 가치를 부여하려 하지만, 말과 사물이 하나가 될 수는 없다. 사물이 불완전한 말에 의해 다시 주조될 뿐이며 그런 순간들이 주어질 뿐이다. 양태 형용사 "푸름 붉음"/"푸르름 푸르스름"의 변주로 꽃의 변화가 들어서고, 앞선 낱말의 음소에서 빚어낸 "雨雨"에서 비 내리는 정경이 감기며, "雪雪"에 이르러 계절의 변화가 감지되면, 여러해살이풀 "제라늄"의 굳게 견뎌온 세월과 고통이 시에 고스란히 눌어붙는다. "제라늄"의 흔들거리는 삶을 형용사와 그 변화를 활용해 포착해내겠다는 시인의 의지는 가능할 리 없는 대상과 언어의 일치, 그 이상의 지점에 시적 대상을 위치시킨다. 「시클라멘」도 사정은 다르지 않다. 불완전한 언어로 사물의 실체를 표현하고자 하는 송승환의 시도가 일종의 도전일 수밖에 없는 까닭은 "하얀 태양 아래" 놓여 있는 "시클라멘" 한 송이를 묘사하는 데 그치는 것이 아니라, 율동이나 흔들림, 찬란한 자태마저 담아내려 하기 때문이다. 큰 소리로 작품을 읽어볼 필요가 바로 여기서 생겨난다. 저 반복되고 변주되는 색채 형용사가, 기실 볕 좋은 날 진흙 한 덩이를 앞에 두고 거기서 "시클라멘"을 뽑아내려 쉼 없이 놀려대는 조각도와 다르지 않다는 사실이 소리 내어 읽는 순간 드러나기 때문이다. 평범하다고 해야 할 형용사 하나에서 숨 가쁘게 토해내며 반복되는 음소와 더듬듯 급박하게 운위되는 낱말의 변주를 통해 송승환은 사물의 사물-되기, 그것의 존재와 비존재, 생성과 소멸, 변화와 성장의 과정을 낱낱이 드러낸다. 저돌적이면 저돌적인 만큼, 실패를 노정할 수밖에 없는 것은 언어의 속성이 그렇기 때문이다. 그런들 어떠랴? 사물을 포착하기 위해 언어의 가능성을 최대한 확장하여 대상에 주관을 부여하는 데 성공한 실험만으로 우리 앞에 지금 흐드러지듯 춤추는 "시클라멘" 한 송이가 당도했지 않은가. 「마르시아」는 또 어떤가? 형용사의 변주로 도달한 지점에서 송승환을 기다리고 있는 최후의 말은 "검은 검어"이다. '검다'는 송승환의 시에서 색깔의 모든 가능성이 종결을 고하는 지점, 즉 "붉음 푸름 초록 붉음 푸름 초록"(「마크 리더」, p. 18)을 죄다 삼켜버리는 블랙홀이다. 대척점에 항상 "흰 종이"를 놓아두는 송승환에게 검게 되는 순간은 무엇을 의미하는 것일까? 대상이 검게 될 때까지 적어나갈 수밖에 없는 자신의 시작(詩作)이 결국 소멸을 바라볼 수밖에 없노라고 고백하고 있는 건 아닐까? 말에 의지해 하나의 사건이 되기 이전, "장미과의 한 품종"에 속할 뿐이었던 "마르시아"는 말이 감싸 쥔 최대치의 주관성에서 감겨, 급기야 "흰 종이 울리며 피어나는 공기"가 된다. 사물이 말에 포착되지 않고 달아날 때(왜냐하면, 꽃을 종이 안에 구겨 넣을 수는 없으므로), 반대로 이 달아나는 사물을 종이 위에 붙잡아두려 한다면, 종이와 함께 대상도 타들어가는 임계점에 도달하게 될 수밖에 없는 것이다. 타고 나면? 다시 시작하는 수밖에. 그러니 이 언어의 실패담을 시에 기록하는 자의 고통을 짐작하는 일은 어렵지 않다. 그것은 일면 실패가 분명하겠지만, 송승환에게는 쉽지 않은 실패, 즉, 패배하지 않는 실패인 것이다.

3. 명명—말할 수 없는 것을 말하기 위한 암시의 시학

말라르메는 "하나의 대상을 명명(命名)하기"가 "시의 사분의 삼가량의 즐거움을 제거하는 것"이며, 그러나 이러한 시도는 "차츰 *암시하기*"가 되어, 결국 "꿈이 여기에 있다"고 했다. 시에서 어떤 대상이 호출돼버리면, 그것은 이미 '말할 수 없는 것'이 아니다. 이때 대상은 수많은 자기표현의 가능성을 포기하고, 오로지 하나의 낱말에 갇히겠지만, 결국 말로 명명되어 글로 적힐 때만 오로지 시인과 독자 사이에서 에너지, 즉 "암시하기"의 저 원대한 꿈을 실현할 수 있다. 명명하는 순간, 언어와 대상 사이에 살짝 열리는 틈입을 파고들며, 송승환은 대상에 덧씌워진 일상 언어의 흔적을 제거해내고, 대상을 차츰 지워나가는 일에 몰두한다.

사과가 있다

푸른 사과
거의 둥글고 파란 사과
가까스로 둥글고 연푸른 사과
기어이 둥글고 작은 초록 사과

쟁반에 담긴 청록 사과

물감과 물감을 섞는다
푸른색에서 노란색까지
노란색에서 푸른색까지

물을 더 섞는다

사과가 있다
—「레코드 플레이어」 전문

명명으로 대상을 확정해나가는 과정에 암시가 개입되지 않는 것은 아니다. 그렇다면, 제목 "레코드 플레이어"는 "사과"와 어떤 관계가 있는 걸까? 반복된다는 "Record Player. 녹음 재생 장치"(p. 17)처럼 반복해서 대상을 명명하는, 그러나 조금씩 저 막연한 대상을 차이로 빚어내며 암시의 가능성을 확장해나가는 데 필요한 이유를 제목이 부여해준다. 녹음이 취하는 각인과 기억의 방식은 명명하는 행위에 대한 비유이자, 사물을 둘러치면서 차츰 사물의 본질 속으로 파고드는 암시하기의 인장과 다름없다. 따라서 격자처럼 시작하고 마무리 짓는, 첫 행과 마지막 행의 "사과가 있다"에서 "사과"는 더 이상 동일한 사물이 아니다. 같은 사과는 심지어 완전히 다른 것이 될 수도 있다.

사과라 불리는 이것이 식탁에 있다

나는 사과에게 출발한다

나는 사과에게 가고 있다

나는 사과에게 도착한다
내 손가락 끝이 사과에 닿아있다

견고하다 ―「모터에서 제너레이터까지」 부분

송승환에게 누군가 이미 명명해놓은 "사과라 불리는 이것"은 확정된 사물이 아니다. 그리하여 확신을 위해 직접 만져보지만, "견고하다"는 사실 외에 사과가 사과임을 보증해주는 것은 아무것도 없다. 사물을 확정짓는 일이 언어로 이렇게 불가능할 때, 사과는 "붉은 토마토와 붉은 토마토 사이"(「카메라」, p. 28)에 놓일, 암시의 대상일 수 있으며, "사물을 가까이 들여다볼수록//낱말은 마비되어 잠들어간다"(「클로로포름」, p. 56)고 생각될 때, "바나나라 불리는 이것"(「모터에서 제너레이터까지」, p. 33)이라는, 저 예상치 못한 결행은 사과에 대한 부정이 아니라, 오로지 암시에 의존해 사물을 확정해나갈 수밖에 없는 시의 운명에

대한 통고라고 보아야 한다. 송승환이 집요하게 물고 늘어지는 것은 바로 이렇게, 사물이 명명될 무한한 가능성과 대상의 확신할 수 없는, 그러나 오로지 언어에 의존해서 그 가능성을 타진해나갈 수밖에 없는 어떤 상태이다. 말로 대상의 골격을 드러내고, 자태를 묘사하며, 존재의 가능성을 타진해나가지만, 송승환은 그것을 완수하는 일이 가능하지 않다는 사실을 잘 알고 있다. 언어로 대상을 포착해낼 가능성이 오히려 무한에 가깝다는 인식에서 시 쓰는 행위의 근본적인 이유가 생겨나고, 시를 통해 좁혀가야 할 임무가 시인에게 부여된다고 해야 할 것이다. 「OISEAU」를 보자.

날개를 편 새의 형상을 문자로 표현한 한 편의 상형시 calligramme 같아도, 이 작품은 철자를 하나씩 분절한 후 조합해 새로운 의미의 단위를 묶어내며 대상을 다각도로 포착해낸다는 점에서 철자교체anagramme의 효과를 최대한 활용한 것으로 보아야 한다. 예를 들어, "S"를 맨 위에 올려놓은 것은 새의 자태가 S와 닮았기 때문이지만, 새가 하늘을 나는 소리도 표현하고자 함이다. 아래의 "SE"는 프랑스어 대명동사의 어근으로, 재귀적 특성, 즉 '서로'나 '스스로'('서로의')라는 뜻을, 왼편에서 위로 올라가며 적은 프랑스어 "OIES"는 '기러기떼'를, 위에서 오른편 아래로 내려가며 적은 프랑스어 "SEAU"는 '물통'을, 여기에서 S를 제거해놓은 "EAU"는 '물'을, 여기서 또 E를 뺀 "AU"는 장소를 나타내는 프랑스어 전치사 à와 정관사 le가 결합

된 형태로 '~에서'를 의미하며, "U"는 물을 '길어 올리는' 두레박의 형상을, "O"는 우리말 '올리다'의 첫 모음 /ㅗ/에 상응하는 발음을 나타내고, "OU"는 '또는'을 의미하는 프랑스어 전치사가 된다. '새'를 뜻하는 프랑스어 "OISEAU"를 이리저리 쪼개고 다시 이어 붙여, 송승환은 새라는 대상이 언어로 명명되고 재현될, 최대치의 가능성을 탐구하여, 그 결과를 프랑스어 아래에 우리말로 적어놓는다. 물론 문자로 대상을 지워버리려는 저 시도에도 불구하고 언어와 대상(말과 사물)이 일치되지 않는다는 사실은 변함없으며, 이러한 사실을 송승환이 모를 리 없다.

> 이것은 ……이다. —「카메라」 전문

> 그러나 이것은 ……이다. —「카메라」 전문

말줄임표에 어떤 말이 들어설 수 있을까? 선택해봐야 소용없다. 무엇을 선택한다 해도, 다른 말이 당도할 가능성은 배제되지 않기 때문이다. 이 명명의 무한한 가능성은 「OISEAU」의 결행인 '또는'과 공명하며 「카메라」 연작에 이르러 재차 확인되어 나타난다. 이렇게 언어로 대상을 담아낼 가능성이 무한에 가깝다고 한다면, 그는 왜 최소한의 말로 시를 써나가는가? 엄벙덤벙 말을 부풀려놓으면 대상이 그만큼 복잡해지고, 결국 대상과 언어의 간극을 좁힐 가능성이 희박해질 거라고 생각하기 때문이다. 따라서 가장 압축적이고 정제된 방식이 대상을 최대한 반영하려는 송승환에게는 불가피한 선택이 된다. 언어의 경제성은, 침묵을 강요하며 의미를 지워내 명상이나 관조를 조장하는 것이 아니라, 가장 순결한 말로 대상을 담아내며, 이것은 의미의 무한을 추구하는, 진정한 의미론자의 행위라고 보아야 한다.

이 파란색
저 파란색
사이

다른 파란색
다른 파란색

그 모든 파란색의 경계

파란색
파란색
파란색

사과

붉은 토마토와 붉은 토마토 사이 —「카메라」 전문

「OISEAU」의 '또는', 연작 「카메라」의 말줄임표나 '경계'와 '사이'는 대상이 오로지 대상들 사이의 관계를 통해서만 진정한 대상으로 거듭날 수 있다는 사실을 말하기 위함이다. 사물의 가치를 사물에 부여해주는 것은 어쨌든 사물을 둘러싼 나머지 사물들이기 때문이다. 색채도 마찬가지다. 송승환은 사물이 어떻게 사물임을 주장할 수 있으며, 사물이 어떻게 제 고유의 색을 확보할 수 있는지, 명명되어 언어에 갇히는 순간 아이러니하게도 달아나버리는 사물을 최대한 붙잡아두고자 사물의 관계와 그 경계에 주목한다. 언어에 의해 명명될 수밖에 없는 대상의 가변적인 운명을 바꾸어보고자 하기 때문이다. 사물의 우연성이 시의 필연으로 거듭나게 되는 것은 사물이 아니라 사물을 사물이게 해주는 저 관계, 사물 사이의 경계에 주목할 때인 것이다. 애당초 사물을 표현할 유일한 수단인 언어를 통해, 사물의 관계와 그 사이를 담아보고자 할 때, 애당초의 이 사물은 결국 변형되거나 아예 지워질 수밖에 없다. 송승환이 시로 세상을 재편하는 방식은 이렇게 언어를 통해 대상을 파괴하는 일과는 완전히 다른, 일종의 구축에 가깝다. 언어를 파괴하여 사물을 해체하는 것이 아니라, 대상을 오롯이 담아내기 위해 언어의 잠재성을 최대한 끌어내는 일에 그가 몰두하기 때문이다. 그렇다면 운위되어야 할 것은 언어의 주관성과 주관적인 언어의 창출이며, 이를 통해 시의 영역이 아니었거나 등한시되었던 시적 대상들이 시의 훌륭한 재료가 되어 되살아난다. 이와 같은 작업을 끊임없이 감행하다 보면 결국 대상이, 언어가, 시인 자신이 마멸되는 수준에 이르게 되는 것은 오히려 당연해 보인다.

4. 기화—종이 위에 피어나는 에너지, 말로 사물을 태우는 주관성

송승환의 시에서 기화의 조짐은 대상을 언어로 힘껏 밀어붙여 생겨난 결과이다. 어떠한 추이로 대상이 증발되는 것인가?

유리 빌딩에서 걸어 나온 사람들이 대기 속으로 풀려나간다

—「클로로포름」 부분

사물만이 아니라, 사람이 공기 속으로 "풀려나간다"고 '말'해놓았다. 말로 대상을 최대한 담으려 할수록, 가까워지는 만큼, 충돌의 에너지가 발산될 수밖에 없으며, 이렇게 대상과 언어가 마찰을 일으키며 끓어오른 이후(「에테르」), 대상을 태워버리는 기화(氣化)의 상태에 도달하게 된다.

내가 세워지는 곳은 검은 극장 빈 무대

나는 기다린다 나는 말하지 않는다 나는 말한 것이다 나는 기다린다 내 몸속 자석과 코일 사이 불현 불꽃과 빛으로부터 태어나는 언어 그녀는 단어에 리듬을 부여한다 그녀는 말한다 나는 내 육체의 전선을 끊는다 그녀의 육성이 날것으로 내 육체를 통과한다 나는 모든 벽을 울리며 사라지는 공기의 파열을 듣는다 나는 말한 것이다 나는 말하지 않는다 나는 기다린다

조명이 꺼진다

—「마이크」 전문

말이 사물을 통과하며, 사물을 기화시키는 과정을 체험하기 위해 나는 기꺼이 마이크가 된다. "사물들이 내 육체를 관통"(「마이크」, p. 13)하게끔 자청해놓는 것은, 말이 하늘로 터져나가는 순간을 포착하고, 느끼고, 그려내기 위해서다. 마이크에 대고 뱉어낸 한마디 말이, 이후 급박하고 빠르게, 초초하고 강렬하게, 대기로 퍼져나가 시나브로 사라지는 과정을 마이크로 분한 내가 고스란히 감당해낸다. 사물을 움켜쥐고, 정의하고, 확정 짓기 위해 필요한 것은 그러니 무엇인가? 어떻게 이런 일이 가능할 것인지 따져보는 행위, 이때 말이 어떤 도움을 줄지 헤아려보려는 행위가 송승환에게는 시의 특수성으로 살아나는 것이다. 내 앞에 있는 사과 한 알이 내 앞에 존재한다는 사실을 당신은 어떻게 확신하고 증명해내겠는가? 사과를 눈으로 본다 해도, 시각이란 착시의 가능성을 배제할 수는 없는 것

이며, '붉다'고 말해본들 '붉다'는 것은 또 무엇일 것이며, 대상에 붙여진 '사과'라는 이름이 일종의 사회적 협약이라면, 왜 'apple'이나 'pomme'는 안 되는 것인가? '사과'라는 말에 사과가 담겨 있을 리 없다면, 우리는 어떤 근거로 이름 하나 붙여놓고서 사물에 대해 안심할 수 있겠는가? 모든 것을 의심의 시선으로 돌려놓을 때, '사과'라는 하나의 대상이 '사과'가 될 가능성은 그럼에도 오로지 불안정한 저 말, 말의 선택, 말로 인한 조작, 말에 의지한 배치, 결국 말의 운용이나 고안으로밖에 주어지지 않는다는 결론에 이르게 될 것이다. 송승환에게 기호의 자의성을 취하하는 방법은 직접 사물이 되어 사물의 속성을, 사물에 드리울 말과 사물을 관통해낼 말을 직접 감당해내는 것밖에 없다.

나는 잃는다

나는 읽는다

나는 잊는다

나는 있는다

안치실 —「레이저 프린터」 부분

레이저 프린터로 치환된 나는 말하는 주체임에도, 대상의 입장에 처해 대상을 표현할 수밖에 없는, 독특한 결과를 기다리고 있다. 시행 하나하나는 레이저 프린터라는 사물에 자신이 침투하여 그것이 수행하는 행위를 말로 직접 체현하려는 시도로 보아야 한다. 따라서 레이저 프린터가 된 나는 무언가를 잃고(잉크의 소모나 시간), 무언가를 읽고(인쇄하려는 글), 잊으며(인쇄 후, 그 내용을 프린터가 기억할 리 없으므로), 인쇄를 마친 후에는 "안치실"(프린터의 검은 본체)에서 고요히 "눈꺼풀"(덮개)을 내려놓고, "흰 천"(커버)에 감싸인다. 그런데 왜 "나는 있는다"일까? 프린터가 제 일을 행하는 그 순간의 느낌을 그래도 살려내기 위해 새로운 시제를 우리말에서 고안해야만 했던 것은 아닐까? 사물에 침투하여 사물이 되고, 사물의 심정을 제 말로 고하려 할 때, 송승환에게 현재와 그 이후를 동시에 노정하는 우리말 '있다'는 지금-여기서 행해지는 중인 레이저 프린터의 저 생동감, 주체가 객체로, 객체가 주체가 될 저 전이의 경험을 담아내지 못한다. 현재와 현재 진행형의 결합일 "있는다"는 종이가 타들어가는 기화의 순간에 처한 말을 담아내기 위해 반드시 필요한 시제인 것이다. 이때 "열기"는 프린터에서 종이가 인화되어 나올 때 발생하는 에너지이자, 말과 사물이 짧은 시간에 일치를 꿈꾼 후, 증발해버리고 마는, 사물과 언어가 맺는 관계의 저 야속하기

만 한 유한성에 대한 징표가 된다. 말과 대상은 이렇게 하나로, 그러나 잠시, 짧은 순간에 녹아들 뿐이다. 말과 말이라는 행위, 언어가 사물을 관통한 후 빚어지는 사태, 제 소임을 다한 후 사멸을 앞둔 말의 운명과 그 처절한 과정을 송승환은 이렇게 사물-말-몸을 하나로 녹여내 실현해나간다. 송승환이 대상에 '들리는 것'은 말이 제 몸을 통과하면서이며, 이렇게 '시인의 말'의 "들린다"는 사물과 자신과 말이 하나가 되는 순간을 포착해낸다는 것을 의미할 것이다.

사물에 들리고, 세계에 귀 기울이면서, 송승환은 가장 적은 말로, 가장 집약적이고도 소란스러운 관념을 성취해내고, 사물과 하나가 된 자신을 만들어낸 후, 그런 자신마저도 지워나가면서, 세계와 타자를 두드리는 저 힘겨운 행위를 완성한다. 산화하는 풍경이 말에 감겨 하늘로 날아갈 때, 역설적으로 대상과 세계를 두드리는 행위로 그의 시가 우리 곁에 남겨진다. 그의 시는 잉크가 증발하고, 종이가 닳을 때까지, 사물이 당도하거나 사라지기를 마냥 기다리는 것이 아니라, 사물이 되고 말이 되어, 대상을 태워내고, 그 과정을 체험해내려는 투철한 자기의식의 소산인 것이다. 단정해 보이는 그의 시가, 열에 넘치는 부산한 사건이자, 정념으로 쏘아올린 하나의 스펙터클인 까닭이 여기에 있다. 그러니 우리는 송승환의 이 새로운 시 앞에서 어떻게 침묵하고, 절망하고, 시름만 고할 수 있을 것인가? ▨